MICHAEL C. MOGLER (Text)
DiPi (Illustrationen)

Du kannst nichts dafür, du bist
Jungfrau
(24. August – 23. September)

Element: Erde
Planet: Merkur
Leibgericht: Schwäbische Bubespitzle

Vorwort

Du kannst nix dafür, denn du bist Jungfrau!

Wer wie du als Jungfrau geboren wurde, der kann sich täglich selber sagen: Verdammt noch mal, wie viel Schwein ist das denn!?! Als lebendes Update unserer Gattung hast du schon heute alles auf Tasche, was die Trekkies gerne den Cyborgs, den Menschmaschinen der Zukunft, andichten. Jungfrauen folgen einfach einer höheren Ordnung. Und wenn gerade keine höhere greifbar ist, dann eben nur der Ordnung. Denn ohne die geht bei dir gar nix. Deine Fähigkeit zur meisterlichen Analyse, deine akribische Vorbereitung auf jedes Projekt – sei es eine Mondlandung, eine Weltreise oder das Schmieren eines Leberwurstbrötchens – haben dir vielleicht hier und da den Ruf eines lebenden Flipcharts oder eines fleischgewordenen Rechenkästchens eingetragen. Aber was soll's? Die Kritik niederer Daseinsformen, die in ihrem Chaos versinken und in ihrer viehischen Art die schlimmsten Verbrechen wie Falschparken oder die Todsünde des Fünf-Minuten-zu-spät-Kommens begehen, ficht dich nicht an. Als emotionsresistenter DIN-A 5-Organizer zeigst du deine Gefühle niemandem – außer vielleicht dem Innenfutter der Tasche, in der deine geballte Faust steckt.

Charakter

Smart und attraktiv wie ein Hollywoodstar, verbindlich wie ein Schweizer Uhrwerk und herzlich wie eine Tiefkühltruhe – als könnte man eine astrologisch begünstigte und dadurch einfach weiterentwickelte Gruppe des Homo sapiens wie die Jungfraugeborenen auf solche Klischees reduzieren. Okay, eine echte Jungfrau sieht nicht nur gut aus, sie tut auch was dafür. Und was gibt es schon gegen Menschen zu sagen, die exakt genau das zu genau der Zeit tun, wie sie es angekündigt haben? So weit, so gut, aber das Vorurteil der mangelnden Herzlichkeit tut besonders weh. Weil es einfach nicht stimmt, und auch du wirst sicher noch vor kurzem jemandem mit Verve die Hand geschüttelt oder überschwänglich anerkennend zugenickt haben. Es ist doch nicht verwunderlich, dass man zu dem schmuddeligen und unzuverlässigen Mob aus den anderen Sternzeichen lieber ein bisschen auf Distanz bleibt. Überhaupt, wenn man da nur kurz hinguckt: Fehler über Fehler! Aber wehe, man macht die Armen darauf aufmerksam, hilfsbereit wie man ist. Schon kommen die nächsten blöden Klischees vom Erbsenzähler und Korinthenkacker. Vielen Dank auch. Aber wenn man denen ständig was abnimmt, und sei's nur, damit es vernünftig gemacht ist, da schreit keiner. Undank ist nun mal der Welten Lohn!

Tops und Flops
Top: Alles!

Jungfrauen haben es nicht leicht. Wenn man morgens in den Spiegel schaut und eines so gepflegten, intelligenten und kontrollierten Mienenspiels gewahr wird, dann wäre das für die meisten Sternzeichen ein Grund, bei diesem ansprechenden Gegenüber gleich etwas zu unterschreiben. Gerne auch etwas Längerfristiges – eine Hausfinanzierung etwa oder den Verkauf der eigenen Seele. Nicht so für die Jungfrau. Die weiß in Demut und Dankbarkeit den Anblick ihres Spiegelbildes lediglich als einen weitgehend gesicherten Beweis für das Erleben eines neuen Tages zu verstehen, an dem man alles irgendwie noch ein kleines bisschen besser machen kann. Und nicht ein großes bisschen – das ist was für Spinnersternzeichen wie Wassermann und Löwe. Sollen die doch ihren unfertigen Riesenmist in die Landschaft zimmern und von Zukunftsentwürfen und Visionen faseln – später kommt dann eine Jungfrau und macht noch aus dem größten Haufen Schrott eine fein funktionierende Einheit. Naja, besser so, als dem Gemurkse der anderen zusehen zu müssen. Eine Qual, wie sie die Cro-Magnon-Menschen durchlitten haben dürften, als sie den Neandertalern beim Rumstümpern zuschauen durften. Aus dem Blickwinkel der Evolution wäre es daher für weniger entwickelte Sternzeichen sicher eine überlebensrettende Maßnahme, zu versuchen, innerhalb der Sternzeichen zu konvertieren!

SO ISSE, DIE JUNGFRAU
SORGFÄLTIG, ORDENTLICH, EIFRIG, ANALYTISCH, VERLÄSSLICH, EHRLICH, AUFRICHTIG, REALISTISCH, INTELLIGENT, GEBILDET, LERNBEGIERIG, PFLICHTBEWUSST, FÜRSORGLICH, LEISTUNGSSTARK, BESCHEIDEN, SYSTEMATISCH

Flop: Nix!

Okay, es gibt natürlich (wie bei allem, was von vollkommener Schönheit und Perfektion ist) auch hier Neidhammel und Zwergpinscher, die Sachen behaupten wie: Jungfrauen seien Nervensägen in Menschengestalt, rechthaberisch, pedantisch und überheblich. Hallo? Wie daneben ist das denn! Da gibt es endlich mal welche, die können es besser, die machen es besser, die wissen es besser – und dann ist das auch wieder keinem recht. Na gut, vielleicht müsste man nicht jede Kleinigkeit, wie etwa eine leicht schief aufgeklebte Briefmarke, sofort thematisieren oder gar einen workshopartigen Vortrag dazu halten. Und möglicherweise ist die Angewohnheit, den Kollegen die Fehler und Versäumnisse des Tages als Excel-Tabelle oder auf Post-its an die Monitore zu pappen, auch nicht immer das, was man sich unter „kollegial" vorstellt. Aber ist denn bitte schön dieses ganze Gepfusche und Geschlampe kollegial? Na? Siehste! Also wieder mal Recht gehabt. Wie immer eben. Das ist nun mal so. Klar, Jungfrauen schaffen es manchmal nicht, bis drei zu zählen, weil die vielen Zahlen hinter dem Komma ja auch berücksichtigt werden wollen. Aber Menschen, die vorher genau wissen wollen, was in einem Überraschungsei drin ist, müssen ja nicht gleich Weicheier und Sicherheitsfreaks sein. Eine Jungfrau kann genauso steilgehen wie alle anderen und weiß ein echtes Abenteuer sehr wohl zu schätzen. Etwa mal einen Fruchttee mit neuem Geschmack testen oder statt des gesunden Abendessens, total freaky, ein paar Snacks, natürlich fettarm. Vielleicht ist das nicht Rock 'n' Roll, aber immerhin Rock 'n' Röllchen.

LÜGEN, NICHTS ALS LÜGEN! PERFEKTIONISTISCH, PEDANTISCH, ÜBERHEBLICH, SORGENVOLL, VERLIERT SICH IN KLEINIGKEITEN, KOMPLEXBELADEN, ÜBERKRITISCH, ÜBERANSTRENGT, BELEHREND, UNNAHBAR, ZU SCHULDGEFÜHLEN NEIGEND, DAUERFRUSTRIERT, HYPOCHONDRISCH

Job und Karriere
Du kannst nix dafür:
Jungfrauen wissen's besser!

Wer einer echten Jungfrau wie dir bei der Arbeit zusieht, der bekommt sofort Angst um die eigene. Denn gegen einen eiskalten Checklisten-Killer wie dich wirken alle anderen Dienstleistersternzeichen wie blutige Amateure. Die strukturierte Jungfrau kann jeden Arbeitsablauf bis zur Perfektion optimieren. Dabei sind Jungfrauen keine emotionslosen Businessdrohnen – im Gegenteil! Du kannst nix dafür, du bist Jungfrau und darum tief in deinem Inneren eigentlich ein sensibles und verunsichertes Weißohrfrettchen, das nur Angst hat, einen Fehler zu machen – und darum halt keinen macht. Bingo! Ist doch ganz einfach. Deinem Scheffe wird's egal sein – er weiß aus Erfahrung, dass Schiss gut schafft und dumm gut ... aber lassen wir das. Immer mehr deutsche Arbeitgeber gehen dazu über, ihre Belegschaften nach astrologischen Kriterien zu besetzen, und nur der Mangel an Fach-Jungfrauen auf dem Arbeitsmarkt ist dafür verantwortlich, dass auch noch andere Sternzeichen einen Platz im Warmen finden. Deine bescheidene Art lässt dich außerdem jede Form von öffentlicher Anerkennung scheuen und schafft so noch mehr Platz für die Selbstbeweihräucherung anderer, was dir in jedem Fall eine astrale Jobgarantie verschafft. Gepaart mit deinem Gespür dafür, wo der Frosch die Locken hat, kommt so ein sicheres Fundament zusammen, auf dem sich, mit aller gebotenen Vorsicht, eine in bar bezahlte Doppelhaushälfte errichten lässt.

PERFEKTE JOBS FÜR JUNGFRAUEN
QUALITÄTSKONTROLLEUR, AUFSICHTSRATSVORSITZENDER, PROFESSOR, KORREKTOR, VERSICHERUNGSMATHEMATIKER, BUCHHALTER, NOTAR, FEINMECHANIKER, HISTORIKER, ZAHNTECHNIKER, VERMESSUNGSINGENIEUR, KORINTHENTROCKNER, ERBSENZÄHLER

Liebe

Du kannst nix dafür:
Jungfräulich rein, so soll es sein!

Liebe ist ein recht abstrakter Begriff, den man gerade bei den Jungfrauen etwas breiter fassen muss. Es gibt die Liebe Gottes, die Liebe zu deinen Nächsten, die Liebe zur Ruhe und Bürgerpflicht ... Bis sich eine Jungfrau mal entschieden hat, welcher Form der Liebe sie ihr Leben widmen möchte, ist das Leben oft auch schon wieder vorbei. Es ist ein großes Glück, dass Jungfrau-Menschen durchaus auch als Frucht der Liebe etwa eines Löwen mit einem Fisch entstehen können. Denn sonst würde es sie wie ihren beknackten Leitplaneten wohl gar nicht erst geben: Du kannst nix dafür, du bist halt eine Jungfrau und in Klöstern überrepräsentiert. An der Aufgabe, dich zu erobern, sind schon viele gescheitert. Dabei stehst du bei den anderen Sternis hoch im Kurs. Eine Beziehung ist für dich aber eine so weitreichende Entscheidung, dass es dir schwerfällt, sie rechtzeitig vor dem Ableben zu treffen. Schafft es ein Bewerber, dich so zu umgarnen, dass dein vieles Denken und Bedenken endlich mal Pause macht, dann bist du zur Überraschung aller und deiner selbst geradezu hingebungsvoll und siehst sogar über Fehler hinweg, die andere Menschen so mit sich bringen. Tipp: Wenn der Kopf sich nicht abschaltet und ein Leben im Kloster droht, hilft Alkohol in größeren Mengen.

BERÜHMTE JUNGFRAUEN – GELIEBT VON DEN MASSEN
FATIH AKIN, PETER FALK, DAVID GARRETT, RUPERT GRINT, MICHAEL JACKSON, KÄTHE KRUSE, LUDWIG XIV., REINHOLD MESSNER, MUTTER TERESA, WOLFGANG PETRY, PINK, KEANU REEVES, RONALDO, HELGE SCHNEIDER

Sex und Erotik
Du kannst nix dafür:
Wie die Jungfrau zum Kinde

Dass es so viele unglaublich gut aussehende Jungfrauen gibt, hat einen einfachen Grund: Jungfrauen wollen perfekt sein, und das gilt auch für ihr Äußeres. Kein Wunder, dass Jungfrauen auch als Sternzeichen ganz oben auf allen Abschusslisten stehen. Und gegen guten Sex haben sie auch erst mal nichts einzuwenden – vorausgesetzt, dass vorher alles ordentlich durchgecheckt und gereinigt worden ist. Wenn das die anderen Sternschlampen abtörnt, weil denen das zu unspontan ist – bitte schön. Die wissen nicht, was sie verpassen! Denn du als Jungfrau machst eben alles so gut, wie es nur geht, und beim Sex wirst du da sicher keine Ausnahme machen! Mit der sonst so unterkühlten Jungfrau kann einem dabei ganz schön heiß werden. Wem aber die schnell dahingepoppte Nummer lieber ist als eine handwerklich einwandfreie und minutiös durchgeplante Orgie, der gehe hin in Frieden. Für dich als Jungfrau ist der Weg zur normalen Betriebstemperatur von minus 2 Grad sowieso kürzer als der, der dich zum Heißlaufen bringt.

JUNGFRAUEN DER SÜNDE
HANS ALBERS, FRANZ BECKENBAUER, JAN DELAY, CAMERON DIAZ, ELISABETH I., GRETA GARBO, RICHARD GERE, JOHANN WOLFGANG VON GOETHE, HUGH GRANT, SALMA HAYEK, BEYONCÉ KNOWLES, KARL LAGERFELD, FREDDIE MERCURY, MICKEY ROURKE, MARIANNE SÄGEBRECHT, ADAM SANDLER, ROMY SCHNEIDER, CHARLIE SHEEN, BRUCE SPRINGSTEEN

Friends and Family

Du kannst nix dafür:
Ein Freund, ein guter Freund ...

Hast du Freunde? Diese glücklichen Schweinepriester! Wie auch immer sie es geschafft haben, in deinen inner circle aufgenommen zu werden, sie haben jetzt bei einem Freundschafts-Premium-Dienstleister eingecheckt, der einen full service in allen Belangen der menschlichen Hilfestellungen bietet. Ein Luxus, den deine Familie ja qua Geburt und ohne das aufwendige Screening genießt, dem sich Erbgut-Fremde bei dir erst mal unterziehen müssen. Anyway, wer sich in diesem Kreise der Auserwählten aufhält, der wird lernen, warum Menschen sehr viel Geld für einen *Rolls Royce* oder einen Chronometer von *Rolex* ausgeben. Man sieht damit nicht nur smart aus, auf die Dinger ist obendrein zu 1000 % Verlass. So ist das auch bei dir – das ist Jungfrauen-Liga! Auch, nein, gerade weil dir die wichtigen Menschen nicht Herzschmerz, sondern Kopfzerbrechen bereiten, ist eine Jungfrau als Freund einfach ein Sechser im Lotto. Wo die anderen nur mit Schnaps und Latrinenparolen weiterhelfen, bist du schon mit der Optimierung der misslichen Lage beschäftigt – egal, wie vertrackt die sein mag.

Gesundheit
Du kannst nix dafür:
Scheckheftgepflegt auch von innen!

Die Lebenshaltung der Jungfrauen beweist: Es gibt nichts, was nicht auch eine gute Seite hätte. So hat dein Hang zu einer staubtrockenen und todlangweiligen Lebensweise natürlich den großen Vorteil, dass einige Zivilisationskrankheiten wie Diabetes, Pankreatitis oder Totlachen an dir glatt vorüberziehen dürften. Diäten sind für dich keine Herausforderung, sie sind eine Belohnung. Und je asketischer es wird, desto wohler fühlen sich viele deiner Art in ihrer Haut. Da man trotzdem nie weiß, was kommt, und sicher nun mal sicher ist, hast du bestimmt ein Arzneischränkchen im Bad, auf dessen Inhalt manches Krankenhaus neidisch wäre. Besonders umsichtige Exemplare verfügen im Keller über einen eigenen OP-Saal, gleich neben dem Luftschutzbunker. Der Hang zur Vorsorge geht bei den extremen Jungfrauen so weit, dass sie sich prophylaktisch einen Stent legen oder an eine Dialysemaschine anschließen lassen. Zugegeben, das sind krasse Einzelfälle, die man schon als krank bezeichnen könnte. Aber Kranksein geht ja gar nicht.

Jungfrauenleiden
CHRONISCH VERSCHNUPFT
Eine Folge der leicht unterkühlten Wesensart ist der chronische Schnupfen, der ein treuer Begleiter der Jungfrau durch das Leben ist. Verstärkend kommen Kritikbakterien dazu, die beim Sprechen von anderen Menschen abgesondert werden und das perfekte Jungfrausystem empfindlich angreifen. Ein so erkranktes Merkurwesen zeigt deutliche Symptome von Gereiztheit und Starrsinn. Ein schnell wirkendes Hausmittel ist die Methode, die Nase einfach eine Zeit lang besonders hoch zu tragen, bis der bösartige Schleim den Buckel hinuntergerutscht ist.

HERZSTILLSTAND
Eine sehr häufige Jungfrauenerkrankung, die erst einmal ohne sichtbare Symptome bleibt und manchmal erst nach Jahren bei Routineuntersuchungen entdeckt wird. Das Fehlen des Herzschlags und die hierdurch bedingte Gefühlskälte kann der Merkurgeborene durch eine disziplinierte Kopfleistung ausgleichen, die aber, wenn nicht irgendwann behandelnd eingegriffen wird, zum Exitus durch Kopfzerbrechen führen kann.

Fashion und Style
Du kannst nix dafür:
Wer Klasse hat, braucht für den Stil nicht zu sorgen!

Wer wie du von den Sternen per Geburt mit einem „Ich mache alles richtig"-Gen ausgerüstet wurde, der weiß natürlich, wie richtig kleiden geht. Dein Hang zum gepflegten Konformismus lässt modisch nur einen Style zu: Fashion made by 007 ist in deiner Kleidertruhe tonangebend: zeitlose Coolness in Form des gepflegten Understatements für mehrere 100 Euro pro Teil. Immer schön die Füße still halten, aber bitte schön in handgenähten italienischen Schuhen, und ruhig auch mal den Rücken rund machen, wenn sich zwischen den Schulterblättern etwas von Armani spannt. Das ist die Klasse, die deine Outfits haben.

Mögen Zeitschriften und Verkäufer es auch als dezent, betont zurückhaltend oder whatever verschwurbeln, in Wahrheit ist es der Look der Unterwürfigkeit und des Everybodys-Darlingismus, der dich oft mausgrauer macht, als du eigentlich bist. Versuch es mit den Methoden der ehemaligen Vertreter der Arbeiterklasse aus der SPD und trage einen roten Schal zu deinem Businessdress. Oder übe dich in der fast vergessenen Kunst der Kopfbedeckung. Es muss ja nicht gleich ein Fez oder ein Federschmuck sein. Versuche wenigstens bei deiner täglichen Kutte, es nicht allen recht zu machen. Denn wer zu grau kommt, den übersieht das Leben!

Sport
Du kannst nix dafür:
Was man im Kopf hat, muss man nicht in den Armen haben!

Sport, richtig betrieben, ist etwas Wunderschönes. Und in Maßen sicher etwas, das dir als für deine innere Balance relevante Betätigung durchaus einleuchtet und im hier nötigen Ausmaß von dir ausgeübt wird. Und gut ist aber auch. Im Sinne einer Wettkampfbetätigung ist – wie soll man das diplomatisch ausdrücken, ohne einem dieser Bankdrückertypen auf die ästhetisch mehr als zweifelhaften Muckiberge zu treten – Sport irgendwie unsmart. Extreme Anstrengungen für ein ungewisses Ende und mit mehr als vagen Aussichten auf ein entsprechendes Salär – das will einfach nicht einleuchten. Außerdem sitzt der größte Muskel der Jungfrau unter dem Scheitel, wofür es, vom Kopfballstürmer im Fußball und als Schlagziel im Boxen mal abgesehen, leider nur wenige geeignete Sportarten gibt. Wenn schon Sport, dann als Sportwagen vor dem schnuckeligen Eigenheim oder als Sportedition bei *Trivial Pursuit*. Es reicht schließlich, wenn sonst alles im Leben ständig in Bewegung bleibt, denn das zu beherrschen ist anstrengend genug.

JUNGFRAU-EXTREM-SPORTARTEN, DIE ES BRINGEN: 100 METER-DENK-FIX, SPEED-SCHACH, KOPF ODER ZAHL, KOPF-GYMNASTIK, ZAHLENAKROBATIK, EXTREM-ÜBERSTUNDEN, SU-DOKU- UND QUIZ-MARATHON, BLITZ-AUFRÄUMEN

Partyfaktor
Du kannst nix dafür:
Die Jungfrau ist kein Partytier!

Es ist nicht wahr, dass Jungfrauen nichts vom Partymachen verstünden. Im Gegenteil: Du warst wahrscheinlich schon in der Schule mit im Planungskomitee für den Mottoball und dann auch in der Jury für das spaßigste Kostüm. Du hast die Getränkekarte entworfen und den Sicherheitsdienst gerufen, als der erste Mitschüler leichte Anzeichen von übermäßigem Alkoholkonsum zeigte. Keine Feier ohne die Jungfrau! Oder zumindest keine, die in geregelten Bahnen verlaufen würde.

Weswegen jeder, der eine Einladung zu einer deiner „wilden Feten" erhält, sich auf ein Tischkärtchen, eine ernährungswissenschaftlich ausgewogene Speisefolge und vermutlich vorsortierten, konfliktfreien Gesprächsstoff freuen darf. Das klingt langweiliger, als es ist! Es wirkt vielleicht **leicht** spießig, ist es aber nicht. Es ist nämlich sogar **total** spießig und old-fashioned – aber das braucht dich nicht zu kümmern! Auf den Putz hauen und die wilde Sau spielen, das kann man doch heute immer und überall, so dass deine kleinen, vertrauten Tafelrunden mit einem Tischfeuerwerk als spektakulärem Höhepunkt so weit hinten in der Zeit sind, dass es fast schon wieder ganz weit vorne ist. Einfach durchhalten!

Wellness
Du kannst nix dafür:
Jungfrau hat ein Wellnessgespür!

Wellness ist ein Wort, das mit an Sicherheit grenzender Wahrscheinlichkeit merkurianischen Ursprungs ist. Denn Wellness ist als kraftspendende und regenerierende Tätigkeit per se vernünftig und hat obendrein in den meisten Fällen auch noch etwas mit Reinigung zu tun. Saunen und Dampfbäder sind für eine Jungfrau deswegen ein ebenso natürlicher Erholungsort wie ein Waschsalon oder eine Shampoofabrik. Das Plätschern eines japanischen Brunnens, die Massage eines finnischen Masseurs, aber auch ein Candle-Light-Abend mit dem Abführtee deiner Wahl sind für dich genauso wohlfühlige Tätigkeiten wie ein Tag im Garten, um mit Scholle, Hacke und Rechen harmonisch in der Natur aufzugehen. Kreuzworträtsel, Solitaire, Memory und selbst die Prüfung des letzten Steuerbescheids tun es für eine Jungfrau allerdings auch. So viel Glück haben die anderen Sternzeichen nicht, und darum rächen sie sich am Merkurier mit chaotischem Gedränge an der Schwimmbadkasse, falsch konzipierten Kreuzworträtseln in der Tageszeitung und fehlerhaften Zeitangaben für die gebuchten Anwendungen. Weswegen gerade das Sternzeichen, das am ehesten Entspannung benötigt, am wenigsten davon genießen kann. Jungfrau, du arme Sau!

Money
Du kannst nix dafür:
Die Welt kostet Geld!

Es gibt eine ganze Menge Sternzeichen, die zum Zaster ein nahezu erotisches Verhältnis pflegen. Eine Lebenshaltung, die dir grundsätzlich nicht zwingend nahe ist. Wäre die Welt nur noch mit Jungfrauen bevölkert, würden als erstes die Eros-Center pleitegehen. Also nicht nur, weil dann alle Jungfrauen wären und deswegen noch nie dingens... – Nein! So rein astrologisch gesehen. Geld ist für dich kein Ziel. Geld ist ein Resultat. Ein Ergebnis für ausdauernde, korrekte und fehlerfreie Arbeit. Die zu leisten niemand mehr als du im Stande ist. Darum her mit den wohlverdienten Flocken, denn gegen ein rundes Sümmchen auf der hohen Kante gibt es schließlich nichts einzuwenden. Besonders, weil niemand wirklich weiß, was morgen ist. Da lässt einen eine kleine Rücklage – konservativ und langfristig investiert – einfach ruhiger schlafen. Wenn dann doch noch etwas übrig ist, kann mit dir schon mal das dressierte Zirkuspferd durchgehen, und rumms, hast du einen Porsche gekauft! Okay, zweiter Hand, aber dafür scheckheftgepflegt und metallicgrau mit Ledersitzen. Es soll ja auch nach was aussehen. Und wenn dann immer noch was über ist, na, dann kannst du es ja in eine schicke neue Garderobe investieren. Es müssen ja nicht gleich Spendierhosen sein!

Reisen
Du kannst nix dafür:
Nur die mutigste Jungfrau streift durch den Dschungel!

Urlaub ist für viele Menschen die schönste Zeit des Jahres – da ist es für dich kein Wunder, dass es dann auf der Arbeit überall so aussieht, wie es aussieht. Wenn alle immer nur Ferien und Nichtstun im Kopf haben! Du bist da anders! Du kannst nix dafür: Du bist Jungfrau und deswegen nicht in der Lage, nichts zu tun! Eine Jungfrau, die nichts tut, ist tot. Das bildet sich auch beim Reisen ab, denn Reisen bildet – wenn man es vernünftig macht. Für dich jedenfalls wären zwei Wochen Malle am „All-inclusive-Pool" eine Horrorvorstellung, die direkt aus einem Brueghel'schen Gemälde entnommen sein könnte. Unmöglich! Reisen und fremde Länder erweitern den eigenen Horizont doch nur durch die Auseinandersetzung mit der dortigen Kultur! Eine Reise zu den Amazonasindianern würde dich in diesem Zusammenhang schon reizen – aber dein Sicherheitsbewusstsein versalzt dir da so manche Suppe.

Dem Schönen und der Kultur zugetan, bist du so aber bestens dafür geeignet, mit deinesgleichen Wanderpfade durch den Louvre oder den Petersdom zu treten. Weswegen es für Teenager kaum ein traumatischeres Erlebnis geben kann, als mit einem im Zeichen der Jungfrau geborenen Oberstudienrat auf Klassenfahrt zu gehen. Oder mit einem Jungfrauen-Elternteil gesegnet zu sein. Aber lass das niedere Gewürm ruhig heulen, wenn es dieses Jahr wieder nach St. Petersburg statt nach St. Peter-Ording geht. Das lehrt die anderen, auch in schweren Zeiten Spaß zu haben. Gemäß dem schönen Motto des Oberlehrer-Zweckverbandes: Kultur ist, wenn man trotzdem lacht! Gute Reise – bon voyage!

1. Auflage 2013

© Michael C. Mogler / DIPI / Carlsen Verlag GmbH, Hamburg 2013
Illustrationen: Dirk Pietrzak (DIPI)
Lektorat: Oliver Thomas Domzalski
Redaktion: Carina Seeburg
Layout und Satz: Christiane Hahn
Umschlaggestaltung: Christiane Hahn
Druck und Bindung: AZ Druck und Datentechnik GmbH
ISBN: 978-3-551-68087-7
Printed in Germany
www.carlsenhumor.de